BERLINER SPAZIERGÄNGE

VOLKER WAGNER

Berlin im Dritten Reich

ELSENGOLD

Bild S. 2:
Anlässlich der Reichstagssitzung vom 20. Februar 1938 wurde die an den Großen Stern verlegte Siegessäule mit Fahnen geschmückt.

Abbildungen

AKG-Images, Berlin: 28/29. Bundesarchiv: 8 (Ugo Proietti), 11, 14 (Georg Pahl), 18, 24, 30 (Ugo Proietti), 33 (Ugo Proietti), 34, 39 (Carl Weinrother), 40, 42 (Joachim F. Thurn), 43, 44, 46, 52 (Georg Pahl), 54/55 (A. Frankl), 60 (Georg Pahl), 62 (Georg Pahl), 63 (Georg Pahl), 64 (Georg Pahl). Elsengold Verlag, Berlin: 53, 54, 56. Fotolia: Titelbild (Fontanis), 12/13 (nmann77), 24/25 (Thomas Röske), 25 (Thomas Röske), 48 (babelsberger), 49 (till beck), 50 (fotoxo), 51 (ArTo), 55 (babelsberger), 61 (ArTo). Archiv Volker Wagner, Berlin: 2, 6, 7, 10, 15, 16, 17, 18/19, 19, 20, 21, 22, 23, 26, 27, 34/35, 35, 36, 37, 38, 38/39, 41, 46/47, 47, 66. Wikimedia Commons: 9 (Willy Pragher), 45 (OTFW), 57 (Manfred Brückels), 58 (Marek Śliwecki)

Impressum

Gestaltung und Satz: Felgner & Zierke, Berlin
Printed in the Czech Republic
ISBN 978-3-96201-006-5

INHALT

Vom Anhalter Bahnhof zum Boulevard Unter den Linden

Der Anhalter Bahnhof und der Askanische Platz, um 1935

Der **Anhalter Bahnhof** war der „Regierungsbahnhof" in der deutschen Hauptstadt. Nur noch der Portalrest erinnert heute an eine große Eisenbahngeschichte. Die Bahnhofsruine wurde bis 1962 gesprengt.

Am 6. Juli 1940, kurz nach der Kapitulation Frankreichs, hatte Adolf Hitler hier seinen feierlichen Einzug gehalten und ließ sich frenetisch feiern. In der „Berliner Morgenpost" heißt es einen Tag später: *„Der Führer in seiner feldgrauen Uniform dankt lächelnd zu allen Seiten und tritt dann seine Fahrt zur Reichskanzlei an."*

Ein Jahr später berichtete die „Berliner Morgenpost" allerdings nichts über die Abfahrt der ersten von fast 10 000 Berliner Juden, die vom Anhalter Bahnhof ab dem 2. Juni 1942 auf insgesamt 116 Transporten in das Vernichtungslager Theresienstadt deportiert wurden. Zu dieser Zeit wurden die zunächst älteren Berliner Juden in augenscheinlich normalem Reisebetrieb in regulären Personenzügen in den Tod geschickt.

Gegenüber der Portalruine des Anhalter Bahnhofs erhebt sich das 1966–68 errichtete Excelsior-Haus auf den ehemaligen und einzeln parzellierten Grundstücken **Stresemannstraße** 68 bis 78. Heute erinnert nichts mehr an die allesamt im Krieg zerstörten

Hotels. Auf dem Grundstück Nr. 74 befand sich das Hotel Hospiz, in dem wichtige Gespräche der Berliner Mitglieder der Bekennenden Kirche stattgefunden hatten.

Die Bekennende Kirche war u. a. von den Berliner Pfarrern Martin Niemöller und Dietrich Bonhoeffer gegründet worden, um den Einfluss des NS-Führerstaates auf die evangelische Kirche so weit wie möglich zu begrenzen. Der ehemalige Leipziger Oberbürgermeister Carl Goerdeler, der als Mitglied der Widerstandsbewegung um Claus Schenk Graf von Stauffenberg in Berlin-Plötzensee am 2. Februar 1945 hingerichtet wurde, gehörte zu den aktiven Gesprächsteilnehmern.

Hospiz am Askanischen Platz, Postkarte von 1939

In der Stresemannstraße steht an der Ecke zur **Anhalter Straße** ein denkmalgeschütztes Gebäude, das aus zwei sehr unterschiedlichen Teilen besteht. Direkt an der Straßenecke befindet sich das „Deutschlandhaus" von 1926/27. Kurz zuvor war mit dem Bau des benachbarten elfgeschossigen „Europa-Hauses" begonnen worden, in das Dienststellen des erweiterten Reichsarbeits-

Blick auf das Deutschlandhaus, ca. 1940

ministeriums eingezogen waren.

Heute sind hier das Bundesministerium für wirtschaftliche Entwicklung und Zusammenarbeit untergebracht. Nachbar wird die Bundesstiftung für Flucht, Vertreibung und Versöhnung.

In den Erdgeschosszonen gab es trotz der behördlichen Nutzung einige Bierlokale. Ungezählt sind die Orte und Aktionen, an und bei denen die restriktiven Sicherheitsorgane des NS-Staates überfallartige Razzien durchgeführt hatten – nicht nur gegen Juden, Kommunisten und Sozialdemokraten, sondern auch gegen eine linke Abspaltung der SPD, die 1931 gegründete Sozialistische Arbeiterpartei SAP. In Berlin führte Edith Baumann, die erste Frau des späteren DDR-Staatsratsvorsitzenden Erich Honecker, die nach 1933 verbotene Partei.

Der **Potsdamer Platz** war nach der Wiederherstellung der deutschen Einheit die größte innerstädtische Baustelle Europas. Bis zur Jahrtausendwende entstand hier u. a. mit dem Sony-Center ein neues Stück Berlin. Die heute kaum noch erkennbare Bellevuestraße ist mit dem Center überbaut. Auf einem Teilgrundstück befand sich das (Königliche) Wilhelmsgymnasium.

In das schon 1924 aufgegebene Gymnasium war der am 24. April 1934 gegründete Volksgerichtshof eingezogen. Als einzige Instanz in Sachen von Hoch- und Landesverrat kennzeichnete dieses Tribunal in besonderer Weise die Gleichschaltung einer bis dahin freien Justiz. Bis 1945 wurden etwa 18 000 Personen abgeurteilt, 5200 davon zum Tode. Nach der Ausbombung des ehemaligen Schulgebäudes 1943 war das Gericht an den Schöneberger Kleistpark in das ehemalige Preußische Kammergerichtsgebäude verlegt worden.

Blick über den Leipziger Platz auf den Potsdamer Platz, 1938

Das im April 1993 vom Berliner Abgeordnetenhaus bezogene **Preußische Abgeordnetenhaus** wurde am 16. Januar 1899 eröffnet.

Fünf Wochen nach dem Machtantritt von Adolf Hitler hatte es im Deutschen Reich und parallel dazu in Preußen noch einmal Wahlen gegeben. Bei der – nicht mehr demokratischen – Landtagswahl hatte die NSDAP mit 217 von 476 Mandaten wie auch im Reich die absolute Mehrheit verfehlt. Am 22. März wurden bereits in der ersten, konstituierenden Sitzung des Preußischen Abgeordnetenhauses die 63 Mandate für die KPD als unwirksam erklärt. Die zweite und zugleich schon letzte Sitzung des Parlaments fand am

18. Mai 1933 statt. Das Haus war von der SS und der SA demonstrativ besetzt, die NSDAP-Abgeordneten waren demonstrativ und provozierend bewaffnet.

Im ehemaligen Preußischen Abgeordnetenhaus befindet sich heute das Abgeordnetenhaus von Berlin.

Nachdem das Parlament endgültig im Oktober 1933 aufgelöst worden war, bemächtigte sich eine NS-Stiftung des repräsentativen Gebäudes. Nach Plänen des Architekten Ernst Sagebiel wurde das Haus umgebaut und im November 1935 als „Haus der Flieger“ neu eröffnet. Hier konnte Hermann Göring repräsentieren. Am 9. April 1935 gab Göring am Vorabend seiner Hochzeit im Festsaal im dritten Obergeschoss einen Hochzeitsempfang für sich und seine zweite Frau, Emmy Sonnemann. Bälle und Empfänge zu den Olympischen Spielen im August 1936 fanden hier ebenso statt wie eine Weihnachtsfeier für die Angestellten der Reichskanzlei, bei der im Dezember 1938 auch Hitler zu Gast war.

Unweit des Abgeordnetenhauses, an der Wilhelmstraße, befindet sich die „**Topographie des Terrors**“. Die Geschichte des Grundstücks reicht 200 Jahre zurück: Prinz Albrecht von Preußen, jüngster Bruder des ersten deutschen Kaisers Wilhelm I., gelangte 1830 in den Besitz Grundstücks mit einem barocken Palais aus dem 18. Jahrhundert.

Hier lag die ehemalige Kunstgewerbeschule, in die nach 1933 die Geheime Staatspolizei (Gestapo) und das

Reichssicherheitshauptamt eingezogen waren. In dem Gebäude war auch das Büro des berüchtigten SD-Chefs Reinhard Heydrich. Die Ruine wurde nach schweren Kriegsschäden im Juni 1956 gesprengt. In den Kellern dieses Verwaltungssitzes des NS-Terrors wurden mehrere tausend Gegner des NS-Staates verhört und gefoltert.

Der Naturwissenschaftler Robert Havemann (1910–82) schreibt: „*Die Verhöre fanden in der Prinz-Albrecht-Straße statt, wo ich auch einsaß – in der Zelle 24 im Keller –, und dauerten ... etwa zweieinhalb Monate ... Anfangs wurden wir natürlich mißhandelt, damit probiert man es immer zuerst ... Von anderen habe ich später gehört, daß die auf Mißhandlungen reagiert hätten, nur noch mehr mißhandelt wurden ... Überhaupt glaube ich, war es sehr wichtig, gegenüber den Verhörern der Gestapo so aufzutreten: Ich musste ihnen furchtlos erscheinen...*“ Der bereits zum Tode Verurteilte konnte später mithilfe von Freunden gerettet werden.

Das Reichssicherheitshauptamt in der Prinz-Albrecht-Straße, 1933

Blick auf das Bundesfinanzministerium

Bis zu seiner Hinrichtung am 5. Januar 1945 in Berlin-Plötzensee saß auch der Sozialdemokrat Julius Leber im Prinz-Albrecht-Palais ein. Leber war persönlich bekannt mit vielen Mitgliedern der bürgerlichen und auch kommunistischen Widerstandsgruppen gegen das NS-Regime. In einem seiner letzten Briefe schreibt Leber am 17. Dezember 1944 an seine Frau Annedore: *„Meine Seele ist in sich fest und sicher und meine Selbstbeherrschung infolgedessen stark genug, um aller Schwankungen im Gemüt Herr zu werden. Ich weiß, daß mein Schicksal nicht sinnlos ist.“*

Die heutige Gedenkstätte „Topographie des Terrors“ wurde 1987 erstmals projektiert. In ihr wird die nationalsozialsozialistische Gewaltherrschaft in der Zeit von 1933 bis 1945 dokumentiert und aufgearbeitet.

Von der „Topographie des Terrors“ blickt man auf den markanten Bau des Bundesfinanzministeriums in der Wilhelmstraße 97. Hermann Göring erteilte dem Architekten Ernst Sagebiel, Büroleiter des nach Palästina emigrierten Architekten Erich Mendelsohn, den

Auftrag, einen Neubau für das im Mai 1933 gegründete **Reichsluftfahrtministerium** mit etwa 2400 Arbeitsräumen samt einer Tiefgarage für etwa 250 Automobile zu entwerfen. Das Haus war mit 17 Treppenhäusern und insgesamt 6,8 km langen Fluren und Korridoren das größte Büro- und Verwaltungsgebäude im Vorkriegsberlin. Am 7. Oktober 1949 wurde im Festsaal dieses Gebäudes, in dem damals die Deutsche Wirtschaftskommission untergebracht war, unter sowjetischer Kontrolle die DDR gegründet. Von 1950 bis 1953 wurde der Maler Max Ligner beauftragt, ein Wandfries auf Meißner Porzellan zu gestalten, der den „Aufbau der Republik" zum Gegenstand hatte. Beim Volksaufstand in der DDR am 17. Juni 1953 kam es vor dem Gebäude zu Ausschreitungen. In der DDR kamen 55 Menschen zu Tode. An die Opfer erinnert seit 2013 ein im Boden eingelassenes Glasmosaik.

Das Gebäude des heutigen Bundesfinanzministeriums ist eines der markantesten Beispiele von erhaltener NS-Architektur in Berlin.

Das Gebäude **Zimmerstraße 90/91** wurde 1884–86 als Geschäftshaus der Markthalle III errichtet. 1910 zog ein Tanzpalast ein. In diesem „Konzerthaus Clou" hatte Adolf Hitler am 1. Mai 1927 seinen ersten öffentlichen Auftritt. Der sozialdemokratische „Vorwärts" schrieb einen Tag später: *„Die Versammlung hörte ihn an, schwieg, spendete einigen antisemitischen Kraftsprüchen einigen Beifall und ging wieder heim … Es ist aus mit Hitler."*

Das Verlagshaus Mosse war in den 1920er-Jahren das höchste Gebäude Berlins.

Nach 1941 wurde der Ballsaal als Sammlungsort der Juden in Berlin missbraucht, um sie von hier aus in die Vernichtungslager zu deportieren. Die Markthalle bzw. der Ballsaal wurden im Luftkrieg vollständig zerstört. Der Kopfbau an der Zimmerstraße mit seiner für Berlin traditionellen Backsteinbauweise ist vor einigen Jahren denkmalgerecht wiederhergestellt worden, eine Gedenktafel an der ehemaligen Hofeinfahrt erinnert an diesen Deportationsort.

In der Schützenstraße 18–25, nördlich des Checkpoint Charlie, befand sich das **Verlagshaus Mosse**. Hier arbeitete Theodor Wolff. Der 1868 in Berlin geborene jüdische Schriftsteller und Publizist zählt zu den bekanntesten deutschen Journalisten des 20. Jahrhunderts. Bis zu seiner offiziellen Entlassung am 5. März 1933 leitete er das angesehene liberal-demokratische „Berliner Tageblatt", das im Verlagshaus von Rudolf Mosse erschien.

Der Journalist Wolff war schon eine Woche zuvor – am Tage des Reichstagsbrands – aus Deutschland geflüchtet.

In Nizza 1943 gestrandet, wurde er dort von der Gestapo aufgespürt und zurück nach Deutschland verschleppt. Er kam ins KZ Sachsenhausen. Im September 1943 starb er im Jüdischen Krankenhaus in der Iranischen Straße im Berliner Wedding an den Haftfolgen.

Das Verlagsgebäude Rudolf Mosses stammt im Kern aus den Jahren 1901 bis 1903. Zwanzig Jahre später wurde es in moderner Form nach Plänen des Architekten Erich Mendelsohn, der ebenfalls nach dem Machtantritt Hitlers aus Deutschland vertrieben wurde. Nach 1990 wurde das denkmalgeschützte ehemalige Verlagshaus, das zwei unterschiedliche tradierte Berliner Architekturstile zeigt, originalgetreu wiederhergestellt.

Im ehemaligen Schauspielhaus befindet sich heute das Berliner Konzerthaus.

Das „Haus Friedrichstadt“ wurde an der bedeutenden innerstädtischen Kreuzung **Friedrich-/ Ecke Leipziger Straße** nach kurzer Planungszeit 1935 errichtet. Das in damals moderner Stahlskelettbauweise gebaute Geschäftshaus weist sechs Hauptgeschosse auf. Zwischen ihnen und dem darüber liegenden Dachgeschoss wurde eine Betondecke eingezogen. Diese für 1935 sehr unge-

Anlässlich des Staatsbesuches Mussolinis 1937 sind die Linden mit NS- und faschistischen Symbolen geschmückt.

wöhnliche Baumaßnahme nahm schon vier Jahre vor dem Weltkrieg den Luftschutz vorweg. Ein zweites Kellergeschoss war bereits als Luftschutzkeller ausgewiesen. Am 2. Mai 1945 war mit dem Tag der Kapitulation Berlins das „bombensichere" Haus längst vollständig ausgebrannt. Nach dem Krieg wurde das Haus originalgetreu wiederhergestellt.

Weiter geht es zum **Gendarmenmarkt** mit dem markanten Schauspielhaus. Im nationalsozialistischen Berlin gab es drei Preußische Staatstheater, die vom Generalintendanten Gustav Gründgens geführt worden sind, darunter das Schauspielhaus am Gendarmenmarkt.

Der 35-jährige Schauspieler Gründgens kletterte in hohem Tempo die NS-Karriereleiter nach oben. Ende 1934 ersuchte er bei Hermann Göring wegen seiner insgesamt der Öffentlichkeit bekannten Homosexualität um Entlassung. Göring aber gab dem Rücktritt nicht statt. Während zeitgleich eine Vielzahl von schwulen Männern in Berlin in den NS-Haft- und Folterstätten gequält wurden, konnte Gründgens als Staatsschauspieler am Gendarmenmarkt weiter brillieren.

Die Planungen zur Umgestaltung Berlins stellten in der NS-Zeit maßgebliche und einschneidende Veränderungen für das Stadtbild dar. Erstaunlicherweise blieb bei den gesamten Planungen des Chefarchitekten Hitlers, Albert Speer, der Gendarmenmarkt weitgehend ausgespart. Die Gartenanlagen auf dem Gendarmenmarkt wurden 1935 entfernt; die Platzanlage wurde zu einem Aufmarschplatz mit durchgehendem Pflaster umgestaltet. Dabei wurde das auch kunsthistorisch bedeutende Standbild Friedrich Schillers von der Platzmitte entfernt (und 1987 hierher zurückgebracht).

Aufzug des Wachregiments Unter den Linden

Seit 1996 unterhält der Deutsche Bundestag in der ehemaligen Neuen Deutschen Kirche und im angrenzenden Deutschen Dom eine Ausstellung zur Parlamentsgeschichte. Die kostenlose Ausstellung vermittelt einen kompakten Überblick über die Entstehung des NS-Staates 1933/34.

Nördlich des Gendarmenmarktes befindet sich der Boulevard **Unter den Linden**. Die Nationalsozialisten versuchten mit der Neugestaltung Berlins, die jahrhundertealte Repräsentationsfunktion der Straße Unter den Linden in ihre städtebaulichen Überlegungen einzubinden. Sie sollte die innerstädtische Verlängerung der neuen Ost-West-Achse (heute: Straße des 17. Juni) bilden. Bis auf wenige, für die Epoche eher dezente Ausnahmen wurde die historische Bausubstanz nicht angetastet.

Das Mahnmal am Ort der Bücherverbrennung

Zur Vorbereitung der Olympischen Spiele waren die Bäume auf der Mittelpromenade zunächst gefällt worden. Die durch den historischen Baumbestand verborgene außergewöhnliche Breite der Achse mit 62,5 Metern war zur bewussten Machtdemonstration als neue „via triumphalis“ geradezu provoziert worden. Hinter vorgehaltener Hand mokierten die Berliner sich, dass man jetzt „Unter den Laternen“ promeniere. 1937 wurden aufgrund des anhaltenden Protests der Öffentlichkeit amerikanische Silberlinden gepflanzt.

Bücherverbrennung auf dem Opernplatz

Bereits kurz nach der Machtübernahme der Nationalsozialisten setzte auch die Gleichschaltung von Kultur, Forschung und Wissenschaft ein. Ein sichtbarer Höhepunkt war dabei die Bücherverbrennung auf dem **Opernplatz** am 10. Mai 1933.

An diesem Mittwochabend wurden 20 000 Bücher mit etwa 12 000 verschiedenen Titeln verbrannt. Erich Kästner, dessen Kinderbuch „Emil und die Detektive“ 1929 erschienen war und zwei Jahre später von der Ufa erfolgreich verfilmt wurde, musste als Augenzeuge mit ansehen, wie seine eigenen Werke „dem Feuer übergeben wurden“. Er erinnerte sich an diesen Abend:

„Ich war der einzige...der persönlich erschienen war,

um dieser theatralischen Frechheit beizuwohnen. Ich stand vor der Universität, eingekeilt zwischen Studenten in SA-Uniformen, den Blüten der Nation, sah unsere Bücher in die zuckenden Flammen fliegen und hörte die schmalzigen Tiraden des kleinen abgefeimten Lügners (Goebbels, d.V.). *Begräbniswetter hing über der Stadt.“*

Zu den verfemten Autoren gehörten unter anderem Bertolt Brecht, Alfred Döblin, Lion Feuchtwanger, Hermann Hesse, Hugo von Hoffmannsthal, Franz Kafka, Else Lasker-Schüler, die Familie Mann, Carl von Ossietzky, Erich Maria Remarque, Joseph Roth, Anna Seghers, Arthur Schnitzler, Kurt Tucholsky, Franz Werfel, Carl Zuckmayer, Arnold Zweig und Stefan Zweig.

Als Erinnerung an diese Kulturbarbarei schuf der israelische Künstler Micha Ullmann 1995 eine 5 x 5 x 5 Meter große und leere unterirdische Bibliothek, die die verbrannten Bücher aufnehmen kann. Zu sehen ist das Mahnmal durch eine Glasplatte auf der Mitte des Platzes.

Auf Initiative des preußischen Ministerpräsidenten Otto Braun (SPD) gestaltete der Bauhaus-Schüler Heinrich Tessenow die von Schinkel entworfene **Neue Wache**, eines der wichtigsten Bauwerke des deutschen Klassizismus, zur „Gedächtnisstätte für die Gefallenen des Weltkrieges“ um. Im Juni 1931 wurde das Gebäude neu eingeweiht.

Vor der Neuen Wache

Unter Adolf Hitler wurde die Gedenkstätte in „Reichsehrenmal" umbenannt. Die bisherige Ausstattung blieb unter Hinzufügung eines schlichten Holzkreuzes und zweier großer Ehrenkränze erhalten. Wiewohl Hitler selbst diese Anlage im Gesamten zu wenig repräsentativ erschien, bildete die Neue Wache fortlaufend eine im NS-Staat bekannte und beliebte Kulisse für den Aufmarsch der Wehrmacht und anderen bewaffneten Verbänden.

Aufgrund der antijüdischen Gesetze des NS-Staates wurden allein zwischen 1933 und 1935 an der Berliner **Friedrich-Wilhelms-Universität** mehr als 250 jüdische und jüdischstämmige Hochschullehrer verjagt und entlassen. Dazu zählten weltberühmte Forscher wie die Nobelpreisträger Fritz Haber (Chemie) und Albert Einstein (Physik). Die Vertreibungen, die sich auch gegen Sozialdemokraten, Kommunisten und insgesamt gegen Frauen in der Forschung richteten, führten zu einer fast vollständigen Neubesetzung des Berliner Hochschulpersonals.

Die Hedwigskathedrale

Die **Hedwigkirche** war seit 1773 die Hauptkirche der Katholiken in Berlin. Bedeutende Vertreter des Berliner Katholizismus sind mit diesem Gebäude verbunden. Seit 1929 trägt es den Titel **Hedwigskathedrale**.

Kurz nach seiner Ernennung zum Dompropst scheute sich Bernhard Lichtenberg nicht, für die nach der Pogromnacht am 9. November 1938 bedrängten deutschen Juden Fürbitten lesen zu lassen. Schon früh war Lichtenberg ein entschiedener und mutiger Gegner der Nationalsozialisten. Im August 1941 protestierte er gegen das Euthanasieprogramm, das die systematische Ermordung körperlich und geistig Behinderter vorsah, die auch unter dem Schutz der Kirchen standen. Zwei Monate später wurde Lichtenberg verhaftet. 1942 wegen „Kanzleimissbrauchs“ angeklagt, wollte das Regime ihn vom Gefängnis in Tegel in das KZ Dachau bei München verlegen. Auf dem Transport nach Süden starb der Geistliche in einem Krankenhaus in Hof am 5. November 1943 an Entkräftung. 1965 wurden die sterblichen Überreste des Geistlichen in die inzwischen wiederaufgebaute Hedwigkirche überführt.

Ein ausländischer Würdenträger schreitet Unter den Linden die Front des Wachregiments Großdeutschland ab. Im Hintergrund das Kronprinzenpalais

Der aufrichtige Geistliche wird nicht nur in Yad Vashem unter den „Gerechten der Völker“ geehrt, sondern ist auch vom Papst in Rom am 23. Juni 1996 als Märtyrer selig gesprochen worden.

Auch das **Kronprinzenpalais** Unter den Linden 1 spielte im Nationalsozialismus eine Rolle. Nach dem Ende der Monarchie 1918 hatte es seine ursprüngliche Funktion verloren. In den von Heinrich Tessenow behutsam umgestalteten Räumen wurden ab August 1919 berühmte Werke wie der „Turm der blauen Pferde" von Franz Marc ausgestellt wie auch Werke von Käthe Kollwitz und Ernst Barlach, Lovis Corinth, Paul Klee, Lyonel Feininger und Otto Dix. Im Juli 1933 wurde der in der Kunstwelt des Reichs hoch geachtete Direktor Ludwig Justi nach 24 Jahren Amtszeit gefeuert. Mit der personellen „Gleichschaltung" setzte eine über Jahre andauernde Säuberungsaktion ein, die unter der sprachlichen Entgleisung „entartete Kunst" in die Kunstgeschichte eingehen sollte. Am 30. Oktober 1936 wurde die international bekannte Sammlung endgültig geschlossen.

Blick auf den Dom, 1937

Von hier aus blickt man zum **Berliner Dom**. In allen Planungen zur Umgestaltung Berlins fehlen nach 1933 Ideen und Vorstellungen darüber, wie mit den Kirchen zu verfahren wäre. Das Christentum sollte im idealen NS-Staat keine Rolle spielen.

Der 1905 geweihte Dom trat nur für wenige Minuten in das Rampenlicht der zwölfjährigen Diktatur. Am 10. April 1935 ließen sich Hermann Göring und seine zweite Frau, Emmy Sonnemann, hier trauen. Adolf Hitler war Trauzeuge. Am 24. Mai 1944 wurde der Dom schwer beschädigt und mit veränderter Kuppelarchitektur bis 1983 wiederhergestellt.

Der **Lustgarten** wurde 1935 dem militärischen Zeitgeist angepasst und in eine Aufmarschfläche umgewandelt. 1942 zeigte das Regime hier die Propaganda-Ausstellung „Das Sowjetparadies", auf der den Deutschen

Kultur und Alltag der „slawischen Untermenschen“ nähergebracht werden sollten.

Der dreißigjährige jüdische und kommunistische Widerstandskämpfer Herbert Baum verübte auf diese Ausstellung am 18. Mai 1942 einen Brandanschlag, der allerdings kaum Schäden anrichtete. Dennoch wurde Baum keinen Monat später in Plötzensee hingerichtet. Ein Gedenkstein für die Widerstandsgruppe steht vor dem Dom.

Der Lustgarten ist mit NS-Fahnen geschmückt.

Spreebogen und Brandenburger Tor

Verlässt man den Hauptbahnhof über den stadtauswärts gelegenen Eingang am Europaplatz und läuft man ein kleines Stück die Invalidenstraße entlang, so ist dort ein restauriertes Stück der ehemaligen Ringmauer des 1849 fertiggestellten und ein Jahrhundert später abgerissenen **Zellengefängnisses Lehrter Straße** zu sehen. Diese rote Backsteinmauer ist heute der Eingang zum Geschichtspark Ehemaliges Zellengefängnis Moabit, der 2006 eröffnet worden ist.

In den Einzelzellen waren ab 1943 viele Häftlingen untergebracht, die mit der Widerstandsbewegung vom 20. Juli 1944 in Verbindung standen. Am 23. April, wenige Tage vor Kriegsende, wurden hier Klaus Bonhoeffer, der Bruder des zwei Wochen zuvor hingerichteten Theologen und Widerstandskämpfers Dietrich Bonhoeffer, und andere Oppositionelle ermordet.

Modell der "Großen Halle"

Nach den gigantomanischen Vorstellungen Hitlers sollte Berlin ab 1950 als „Germania" Welthauptstadt werden. Hitlers junger Chefarchitekt Albert Speer wurde beauftragt, die Neugestaltung der Reichshauptstadt zu planen und durchzuführen.

Eine nie realisierte Nord-Süd-Achse von Tempelhof nach Moabit sollte dabei die neue Mitte der Stadt bilden. Zwischen dem heutigen Hauptbahnhof und den Parlaments- und Regierungsbauten um den Platz der Republik befindet sich heute eine ausgewiesene, **begrünte Freifläche**. Hier sollte die „Große Halle" bzw. die „Halle des Volkes" entstehen. Die größte bis dahin

Auf der Wiese im Vordergrund stand die Kroll-Oper.

erdachte Versammlungshalle der Welt mit einer gigantischen Kuppel mit einer Höhe von 230 Metern sollte bis zu 180 000 Menschen fassen.

Von den hochherrschaftlichen Wohnbauten des ab 1867 errichteten Alsenviertels hat nach dem Flächenabriss, der 1938 für den Bau der „Großen Halle" eingesetzt hatte, sowie nach den Verheerungen durch den Krieg und die Nachkriegeszeit nur das Gebäude der **Schweizerischen Botschaft** die Zeit überstanden. Heute wirkt es neben dem Kanzleramt etwas fremdartig.

Am 2. Mai 2011 wurde das **Bundeskanzleramt** durch den damaligen Bundeskanzler Gerhard Schröder (SPD) eingeweiht. Auf diesem Grundstück stand bis zu seinem Abriss nach dem Zweiten Weltkrieg das 1867-71 errichtete Gebäude für den ehemaligen Preußischen Generalstab. Der gelbe Ziegelbau in Neorenaissance beherbergte seit 1919 das Reichsministerium des Innern. Behördenchef war der einflussreiche Minister und Vertraute Hitlers, Heinrich Himmler. Er hatte als Chef der SS bis unmittelbar zum Kriegsende nach Hitler die größten Machtbefugnisse und gilt als einer der Hauptverantwortlichen für den Völkermord an den europäischen Juden sowie den Roma und Sinti.

Die Schweizerische Botschaft ist das letzte Überbleibsel des alten Alsenviertels.

Sieht man von der Haupttreppe des Reichstagsgebäudes heute über den Platz der Republik nach Westen, so blickt man links vom heutigen Bundeskanzleramt auf ein größeres unbebautes und begrüntes Areal. Dort stand bis zu ihrem Abriss 1956 die Ruine der **Kroll-Oper**. Schon wenige Tage nach dem Reichstagsbrand wurde im ehemaligen Opernhaus der ungenutzte Theatersaal zum Plenarsaal umgewidmet. Am 23. März 1933 setzte hierin Adolf Hitler das „Gesetz zur Behebung der Not von Volk und Staat" (Ermächtigungsgesetz) durch, das das Ende der Gewaltenteilung bedeutete. Hitler konnte fortan ohne den Reichstag Gesetze per Dekret erlassen. Der Zustimmung zur Selbstentmachtung der Volksvertretung verweigert hatten sich dabei allein die 94 sozialdemokratischen Parlamentarier – die Kommunisten konnten an der Sitzung nicht mehr teilnehmen. Der SPD-Fraktionsvorsitzende Otto Wels sagte in seiner Rede, direkt an Hitler gerichtet: *„Kein Ermächtigungsgesetz gibt Ihnen die Macht, Ideen, die ewig und unzerstörbar sind, zu vernichten."* Mindestens 86 Reichstagsabgeordnete sind in den zwölf Jahren der Diktatur nachweislich ermordet worden. Von diesem Hause aus verkündete der Diktator schließlich am 1. September 1939 den Überfall auf Polen.

Das Reichstagsgebäude in den 1930er-Jahren

Bis 1938 stand die Siegessäule auf dem Platz der Republik, der damals noch Königsplatz hieß. 1873 war das Denkmal der preußisch-deutschen Siege gegen Dänemark, Österreich und Frankreich, die 1871 die Gründung des Deutschen Reiches ermöglicht hatten. eingeweiht worden. Nun aber stand die Säule der geplanten Kreuzung von Ost-West- und Nord-Süd-Achse im Weg. Sie wurde 1938/39 an den sechsfach vergrößerten Großen Stern nach Westen versetzt und dabei um ein Segment erhöht.

Das Brandenburger Tor war der Ort vieler Aufmärsche.

Wir wenden uns dem **Reichstagsgebäude** zu. Am 1. Februar 1933 wurde – nur wenige Stunden nach der Ernennung Adolf Hitlers zum Reichskanzler – das Parlament aufgelöst. Am 27. Februar – so gaben später Augenzeugen zu Protokoll – sei gegen 21 Uhr ein offenbar jüngerer Mann in das Gebäude eingedrungen. Tatsächlich wurde der 24 Jahre alte holländische Kommunist Marinus van der Lubbe kurz nach 21 Uhr im Reichstagsgebäude aufgegriffen und festgenommen. Bei einem späteren Verhör soll er zugegeben haben, den Plenarsaal angezündet zu haben.

Die internationale Geschichtsforschung hat bis heute keine schlüssigen Beweise dafür gefunden, dass auch andere Täter als van der Lubbe an der Brandstiftung beteiligt gewesen seien. Die Nationalsozialisten haben ihrerseits aber den Brand als für sie idealen Vorwand genutzt, mit der bereits am 1. März 1933 in Kraft tretenden „Notverordnung zum Schutz von Volk und Staat" die wesentlichen Grundrechte der Republik aufzuheben. Politische Gegner wurden verhaftet, viele Politiker, Journalisten, Künstler und Gelehrte verließen sofort Deutschland oder kehrten von Auslandsreisen nicht zurück.

Später führte der beschädigte Reichstag ein Schattendasein. Ins Zentrum der Geschichte rückte er erst wieder beim sowjetischen Einmarsch in Berlin, als auf dem Dach des Gebäudes die rote Fahne geschwenkt wurde. Nun war die Macht Hitlerdeutschlands endgültig gebrochen.

An der Ostseite des Reichstagsgebäudes mit Blick zur Spree wurde bis 1904 das **Reichstagspräsidentenpalais** errichtet, das – formal bis 1945 – Amts- und Wohnsitz des Reichstagspräsidenten war. In der Zeit des Nationalsozialismus war das Hermann Göring. Görings Schwester Olga wohnte hier bis 1945 – seine parlamentarische Funktion hatte das Gebäude ja verloren.

Im Schneetreiben zieht die SA am 30. Januar 1933 durch das Brandenburger Tor.

Ab Februar 1943 wurde auf der Grundlage eines kurz zuvor von Heinrich Himmler verfügten Erlasses damit begonnen, aus ganz Europa Sinti und Roma in das KZ Auschwitz-Birkenau zu deportieren und dort zu ermorden. Das **Denkmal für die ermordeten Sinti und Roma** zwischen Reichstagsgebäude und Brandenburger Tor wurde im Oktober 2012 eingeweiht und erinnert an etwa 500 000 Opfer. Nach den Plänen des israelischen Künstlers Dani Karavan bildet die Mitte des Areals ein rundes Wasserbecken mit schwarzem Grund.

Das **Brandenburger Tor** bildete als heute letztes erhaltenes der insgesamt vierzehn Stadttore Berlins keinen Ort der „nationalen Sammlung", sondern es war schlichtweg ein würdiger baulicher Abschluss der preußischen Residenzstadt nach Westen. Erst mit dem Einzug Napoleons 1806 erhielt das Tor eine nationale Bedeutung. Die Schmach der Niederlage Preußens sollte 1871 mit dem feierlichen Einzug des deutschen Kaisers Wilhelm I. wettgemacht werden.

Auch die Nationalsozialisten nutzten das Tor als Aufmarschkulisse: Hier fand am 30. Januar 1933 bei Schneetreiben ein Fackelzug von SA-Verbänden statt, mit dem die Ernennung Hitlers zum Reichskanzler gefeiert werden sollte. Später ließ Propagandaminister Goebbels den Fackelzug sehr viel pompöser nachstellen.

Im März 1941 schließlich wurde sogar der Eisenbahnwaggon, in dem 1918 der für die Deutschen so schmachvolle deutsch-französische Waffenstillstand unterzeichnet worden war, durch das Brandenburger Tor hindurchgeschoben. Zum letzten Mal diente das Tor zur Illustration der deutsch-französischen Feindschaft, die heute längst überwunden ist. Am Pariser Platz weht die französische Trikolore von der Fassade der französischen Botschaft.

Die vom Brandenburger Tor nach Westen führende Charlottenburger Chaussee sollte nach den Germania-Plänen der Nationalsozialisten „Ost-West-Achse" heißen. Hitler nahm hier, kurz vor der Siegessäule stehend, 1939 eine Militärparade zu seinem 50. Geburtstag ab.

Ausdruck des Sieges: das Sowjetische Ehrenmal 1945 im abgeholzten Tiergarten

Genau auf dem Schnittpunkt zur zentralen – und baulich nie ausgeführten – Nord-Süd-Achse, deren hauptstädtischer Mittelpunkt die „Halle des Volkes" sein sollte, wurde schon am 11. November 1945 das **Sowjetische Ehrenmal** eingeweiht, um das herum etwa 2.500 gefallene Soldaten der Sowjetischen Streitkräfte bestattet sind.

An der heutigen John-Foster-Dulles-Allee liegt die 1957 errichtete ehemalige **Kongresshalle**, die heute das Haus der Kulturen der Welt beherbergt. Zuvor stand hier u.a. die Villa In den Zelten 10/Ecke Beethovenstraße. Nach seinem Fronteinsatz als Lazarettarzt hatte der jüdische Mediziner Magnus Hirschfeld (1868-1935) in Charlottenburg das „Wissenschaftlich-humanitäre Komitee“ gegründet. Das war die erste weltweit bekannte Vereinigung, die die Homosexualität legalisieren und aus der gesellschaftlichen Ächtung befreien wollte. Die 1919 gegründete Vereinigung wurde 1924 in eine Stiftung umgewandelt und hatte seitdem ihren Sitz in dieser vornehmen Wohngegend. Schon vor 1933 in Deutschland massiv angefeindet und deshalb in die Schweiz ausgewandert, starb Hirschfeld 1935 in Nizza. Die Räume der Stiftung wurden 1933 verwüstet, die Einrichtung geschlossen.

Der Architekt Paul Baumgarten hatte noch unmittelbar vor Kriegsbeginn 1938/39 damit begonnen, das **Schloss Bellevue** zum Reichsgästehaus auszubauen.

Am 23. August 1939 hatten Hitler und Stalin in Moskau den deutsch-sowjetischen Nichtangriffspakt unterzeichnet. Durch diesen Pakt gab die Sowjetunion wenige Tage später schon Hitler freie Hand für den deutschen Angriff auf Polen. Auf dem Höhepunkt der wirtschaftlich-militärischen Zusammenarbeit zwischen Moskau und Berlin residierte der sowjetische Außenminister W.M. Molotow im November 1940 im Schloss Bellevue. Hitler hatte dem einflussreichen Minister in einem Gespräch am

Schloss Bellevue

16. November suggeriert, es werde keine kriegerischen Auseinandersetzungen zwischen den beiden Nationen geben. Ein halbes Jahr später überfiel die Wehrmacht die Sowjetunion.

Im Garten war an der Stelle zuvor abgebrochener Wirtschaftsgebäude aus dem 18. Jahrhundert ein modernes Wohngebäude entstanden, in dem der Generalintendant der Preußischen Staatstheater, Gustaf Gründgens, wohnte. Das Haus hat den Krieg nicht überstanden.

Der **Große Stern** mit der umgesetzten Siegessäule und den an seinen Rändern flankierenden Standbildern von Bismarck und führenden preußischen Generälen war das offizielle Geschenk der Reichshauptstadt Berlin zu Adolf Hitlers 50. Geburtstag am 20. April 1939. Die preußische Gesichte war dem Diktator dabei herzlich egal: Es ging allein um den Repräsentationsanspruch des neuen Deutschlands. Otto von Bismarck, 1871 Gründer des Deutschen Reiches, ist von seiner prominenten Stelle vor den Stufen des Reichstagsgebäudes von den neuen Herren regelrecht – und bis heute – hinter dicht bewachsene Hecken verbannt worden. Nicht viel anders verhielt es sich mit den Marmorstandbildern der preußischen Heerführer Roon und Moltke, die freilich etwas standesgemäßer zur Straße positioniert sind.

Die Siegessäule an ihrem neuen Standort

Südlich des Großen Sterns, am Rande des Tiergartens in der Tiergartenstraße 22, findet sich die **italienische Botschaft**. Das monumentalste Botschaftsgebäude, das im Rahmen der nationalsozialistischen Stadtplanung errichtet worden ist, ist die Botschaft der ehemaligen „Achsenmacht“ Italien. Das Deutsche Reich hatte mit seinen Bündnispartnern, dem Königreich Italien und dem Japanischen Kaiserreich, eine „Achse“ gebildet. Dem vorausgegangen war ein am 25. Oktober 1936 geheim geschlossenes Freundschaftsbündnis zwischen dem faschistischen Diktator Benito Mussolini und Adolf Hitler. Das ursprünglich von ökonomischen Interessen geleitete Zweitstaatenbündnis weitete sich zum militärischen Bündnis aus. Im September 1940 war das Japanische Kaiserreich dem Bündnis beigetreten, das fortan unter dem propagandistischen Begriff „Achse Rom – Tokyo – Berlin“ gefasst worden war.

Das alte Gebäude der Japanischen Botschaft in der Tiergartenstraße 3, vor seinem Abbruch im Zuge der Planungen für die "Welthauptstadt Germania"

Baulichen Ausdruck sollte dieses Bündnis im reichshauptstädtischen Diplomatenviertel erhalten. Die Italienische Botschaft in Form eines Palazzo aus dem 15. Jahrhundert war ein Geschenk Hitlers an Mussolini. Die 1943 fertiggestellte Botschaft wurde im Bombenkrieg schwer beschädigt. Von 1997 bis 2003 wurde sie in ihrer äußeren Form vollständig wiederhergestellt und wird seitdem von Italien wieder als diplomatische Vertretung genutzt.

An der anderen Ecke zur Hiroshimastraße befindet sich auf dem direkten Nachbargrundstück die **Botschaft Japans**. Im Diplomatenviertel sollte die „Achse Rom – Tokyo – Berlin“ durch diese Nachbarschaft auch ihren für jedermann sichtbaren Ausdruck erhalten. Die Botschaft ist 1938–42 errichtet worden. Das heutige Gebäude aus den Jahren 1986–88 ist allerdings eine originalgetreue Kopie der kurz zuvor abgerissenen Ruine des Vorgängerbaus.

Eingangsportal der japanischen Botschaft, 1940

Die **Gedenkstätte Deutscher Widerstand** befindet sich in der Stauffenbergstraße 11–13. Das Gebäude, der sogenannte Bendler-Block, stammt aus dem Jahr 1938 und diente als Erweiterungsbau für das Oberkommando der Wehrmacht, das 1935 in das benachbarte ehemalige Reichsmarineamt eingezogen war.

Der Ratsmauermeister und Handwerker Johann Christoph Bendler (1789–1873) ist Namensgeber dieses Verwaltungsgebäudes. Bendler hatte 1837 die Straße vor dem Haus auf eigene Kosten anlegen lassen. Die nach

Kopf der Bronzefigur im Innenhof des Bendlerblocks

ihm benannte Stichstraße zwischen Tiergartenstraße und Landwehrkanal wurde am 20. Juli 1955 in Stauffenbergstraße umbenannt. Geehrt wird damit seit dem 11. Jahrestag des letzten gescheiterten Attentats auf Adolf Hitler im Führerbunker auf der Wolfsschanze in Rastenburg/Ostpreußen der führende Kopf des – vornehmlich – militärischen Widerstands führender Offiziere: Oberst Claus Schenk Graf von Stauffenberg. Im Hof des Bendlerblocks wurden Stauffenberg und weitere Offiziere nach dem gescheiterten Staatsstreich in der Nacht vom 20. auf den 21. Juli 1944 erschossen. An der Stelle, wo Stauffenberg die Worte „Es lebe das heilige Deutschland!“ rief, kurz bevor er der Gewehrsalve des Erschießungskommandos zum Opfer fiel, findet sich heute eine Bronzefigur des Bildhauers Richard Scheibe. Sie zeigt einen gefesselten, nackten jungen Mann. Bereits 1953 wurde das Denkmal hier aufgestellt. Im ersten Stock befinden sich die Räume, von denen aus Stauffenberg und seine Mitverschwörer am 20. Juli 1944 vergeblich versuchten, die Macht in der Hauptstadt an sich zu reißen, um dem Krieg ein Ende zu machen.

Gedenkplatte im Innenhof des Bendlerblocks

Auf dem heutigen Vorplatz der Philharmonie in der Tiergartenstraße stand bis zu ihrer Zerstörung 1944

Denkmal für die Euthanasieopfer, Tiergartenstraße

eine Villa. Die Adresse Tiergartenstraße 4 – abgekürzt „T4" – diente als Deckname für eine der verbrecherischsten Organisationen des Dritten Reiches, die hier von 1940–45 ihren Sitz hatte. Führende NS-Ärzte organisierten von diesem Gebäude aus die systematische Vernichtung sogenannten unwerten Lebens.

Bis zu 300 000 Menschen, die man als „behindert" ansah, wurde das Recht auf Leben abgesprochen. 200 000 Menschen wurden vergast oder auf andere Weise ermordet. Leiter von T4 war Werner Heyde (1902–64). Der Professor für Psychiatrie und Neurologie konnte 1945 unter einer Tarnidentität entkommen und beging kurz vor seinem Prozess als NS-Täter Selbstmord.

An diesen Ort erinnert ein 2014 fertiggestelltes Mahnmal, das aus einer transparenten blauen, 24 Meter langen Glaswand besteht, die auf einer zur Mitte leicht geneigten dunklen Fläche aus anthrazitgefärbtem Betonbelag verläuft.

Östlich des Branden-burger Tors

Unser Rundgang beginnt am Pariser Platz. Der bedeutende deutsche impressionistische Maler Max Liebermann hatte in dem Haus **Pariser Platz 7** sein Künstleratelier. Hier wurde er am Abend des Machtantritts Hitlers Zeuge des Fackelzuges von SA-Einheiten durch das Brandenburger Tor. Der Fackelzug war noch keineswegs so geordnet, wie es das später gefälschte Propagandafoto vom 30. Januar 1934 suggeriert. Die ungeordneten und durch das Eingangstor Berlins johlenden SA-Mitglieder, die in südliche Richtung zur Wilhelmstraße zogen, haben Liebermann wohl zu einem der berühmtesten Bonmots in der Geschichte Berlins provoziert: *„Man kann gar nich so ville essen, wie man kotzen möchte."*

An der Stelle des Hauses rechts vom Brandenburger Tor stand das Haus, in dem Max Liebermann lebte und arbeitete.

Vor dem heutigen Nachbau ist ein Stolperstein für die Witwe der Malers, Martha Liebermann, verlegt. Der Künstler war 1935 verstorben, seine Frau entging der drohenden Deportation in das KZ Theresienstadt durch ihren Freitod. Am 10. März 1943 erlag sie im Jüdischen Krankenhaus im Wedding einer Vergiftung.

1860 wurde der Stadtpalast **Pariser Platz 5** von der französischen Regierung erworben. Unterbrochen durch den Ersten Weltkrieg 1914-18 residierte hier die diplomatische Vertretung des westlichen Nachbarn bis 1939. Der Germanist André François-Poncet beobachtete von hier aus die innenpolitische Entwicklung Deutschlands.

Die Französische Botschaft heute

In den Erinnerungen des französischen Botschafters „Als Botschafter in Berlin – 1931–1938“ heißt es: „*...in der Nacht vom 27. auf den 28. Februar* (1933, d.V.), *von Montag auf Dienstag,* <bricht> *der Reichstagsbrand* <aus>. *Gerade an diesem Abend fand in der französischen Botschaft ein Diner statt. Der Finanzminister Schwerin von Krosigk war unter den Gästen. Während des Diners, gegen neun Uhr, läßt mir der Pförtner der Botschaft eine Mitteilung übergeben, die die Worte enthält: ‚Der Reichstag brennt.‘ Ich..trete an eines der Fenster. Die Glaskuppel ist hellrot... Ich kehre in den Speisesaal zurück und teile die Nachricht meinen Gästen mit. Verblüffung zeigt sich auf allen Gesichtern. Krosigk jedoch, Nazi oder noch nicht Nazi, ruft in einem befremdlichen Anfall der Freude aus: ‚Gott sei Dank!‘*“

Die Französische Botschaft in den 1930er-Jahren

Im Mai 2005 wurde das heutige **Gebäude der Akademie der Künste** in nächster Nachbarschaft zum Hotel Adlon eingeweiht. Hier war von 1909 bis 1938 die Preußische Akademie ansässig. Sie wurde nach 1933 gleichgeschaltet, Max Liebermann, Käthe Kollwitz, Heinrich und Thomas Mann und viele andere prominente Künst-

ler und Literaten traten aus oder wurden zum Austritt gezwungen.

Vom Sommer 1937 bis zum Frühjahr 1938 zog danach Hitlers Chefarchitekt Albert Speer hier ein. Die Lage war günstig. Hitler konnte ohne großen Sicherheitsaufwand von seiner Reichskanzlei durch die Ministergärten entlang der Wilhelmstraße in die Ateliers gelangen, um sich an dem etwa 30 Meter langen Modell der Nord-Süd-Achse im Maßstab 1:1000 zu berauschen. Der Diktator erwartete die Realisierung seiner gigantomanischen Pläne bis 1950. Am 18. März 1945 brannte das gesamte Akademiegebäude nach einem Bombenvolltreffer aus. Die Ruine wurde später abgeräumt, das Modell „Germania" existiert nur noch auf Fotos.

Die Akademie der Künste, 1933. Links ist das Hotel Adlon zu sehen.

Gleich um die Ecke, in der Wilhelmstraße 70, befindet sich die **Britische Botschaft**. *„Abgeschnitten von der sonnigen Südseite, umgeben von der riesigen Brandmauer des Adlon und eingehüllt vom Rauch der gigantischen Schornsteine des Hotels war das Haus immer dunkel und dreckig"*. Zu dieser wenig schmeichelhaften Auffassung gelangte Sir Nevile Henderson, von 1937 bis 1939 Botschafter Großbritanniens in Berlin.

Der Diplomat wählte allerdings schmeichelhaftere Worte für Adolf Hitler und die Führungseliten des NS-Staates. Ob es politische Sympathie oder schlicht-

Die Britische Botschaft, hier auf einem Bild von 1937, stand genau dort, wo sich heute der Neubau der Britischen Botschaft befindet.

weg eine Fehleinschätzung der Lage war, mag hier nicht beurteilt werden. Henderson schrieb noch im Februar 1939 von hier an das Foreign Office nach London: *„Wenn wir ihn [Hitler] richtig behandeln, so glaube ich, dass er allmählich friedlicher wird."* Der Botschafter wurde durch Hitler am 31. August 1939 persönlich über den Überfall auf Polen informiert und versuchte daraufhin, die Polen zum Einlenken zu bewegen. Mit der Kriegserklärung der Briten am 3. September 1939 endete die Mission Henderson, das Botschaftsgebäude wurde durch die Royal Air Force im November 1943 zerstört. 2000 wurde an der gleichen Stelle das neue Botschaftsgebäude eröffnet.

Im Gebäude **Wilhelmstraße 54** ist heute der Berliner Sitz des Ministeriums für Landwirtschaft und Verbraucherschutz untergebracht. Es ist eines der letzten Häuser in dieser Straße, die vor dem Ersten Weltkrieg errichtet worden sind. Zur Zeit der Weimarer Republik befanden sich hier die Dienstwohnungen für den preußischen Ministerpräsidenten Otto Braun (SPD) und den Vorsitzenden des Preußischen Staatsrats, Konrad Adenauer (Zentrum).

In das Haus zog 1933 der Verbindungsstab der NSDAP ein. Zunächst Dienstsitz vom Stellvertreter Hitlers,

Rudolf Heß, beanspruchte ab 1941 Martin Bormann die Räumlichkeiten. Bormann, der sich am Tage der Kapitulation Berlins in der Nähe vom Lehrter Bahnhof selbst erschossen hatte, war quasi als Privatsekretär Hitlers dessen Vermögensverwalter und setzte Prestigeprojekte wie z. B. den Bau des „Führersperrgebietes“ auf dem Obersalzberg bei Berchtesgaden durch.

Das Denkmal für die ermordeten Juden Europas

Das **Denkmal für die ermordeten Juden Europas** ist am 12. Mai 2005 eingeweiht worden. Südlich vom Brandenburger Tor und in unmittelbarer Nähe der ehemaligen Reichskanzlei Adolf Hitlers ist es die zentrale Gedenkstätte zur Erinnerung an die etwa sechs Millionen Juden, die dem Holocaust zum Opfer fielen. Der Entwurf des amerikanischen Architekten Peter Eisenman zeigt ein Stelenfeld, das aus –zahlenmäßig zufälligen – 2711 Betonquadern besteht.

Peter Eisenman erläuterte sein Stelenfeld damit, dass nach den Katastrophen von Auschwitz und Hiroshima traditionelle architektonische Mittel nicht mehr greifen würden, die Unfassbarkeit eines Massenmordes zu charakterisieren. Unter dem Stelenfeld befindet sich ein Ort der Information. In einem Themenraum werden persönliche Dokumente der verfolgten und ermordeten Juden in Form von Tagebucheinträgen, Briefen und letzten Notizen gezeigt.

Zwischen den ehemaligen barocken Platzanlagen am Brandenburger Tor und dem heutigen Potsdamer Platz

1991 waren die Ministergärten noch eine unbebaute Wiese.

verlaufen entlang der heutigen Ebertstraße die ehemaligen **Ministergärten**, die zu den repräsentativen Grundstücken der barocken Stadtpalais an der Wilhelmstraße gehörten.

Zu Beginn des 19. Jahrhunderts waren diese barocken Palais nach und nach vom preußischen Adel aufgegeben und in Ministerien umgewidmet worden. Eine Konzentration staatlicher Macht auf wenigen hundert Metern war die Folge. Deshalb befanden sich auch viele NS-Schaltstellen an der Wilhelmstraße. Die gesamte bauhistorisch wertvolle Bausubstanz ist vollkommen verloren, die vollständig beräumten Grundstücke sind – durch ihre ehemalige Grenznähe – erst in den 1990er-Jahren bebaut worden.

Auf dem Spazierweg vom Brandenburger Tor nach Süden in Richtung Potsdamer Platz stößt man etwa auf der Höhe der Straße In den Ministergärten auf einen 3,60 Meter hohen und 1,90 Meter breiten Betonquader, das **Denkmal für die ermordeten Homosexuellen**. Mit dieser 2008 enthüllten Installation des dänisch-norwegischen Künstlerduos Elmgreen und Dragset wird der in der NS-Zeit verfolgten und ermordeten Homosexuellen erinnert. Die etwa 50 000 verfolgten Männer wurden erst 2002 durch die endgültige Aufhebung der gegen

sie gerichteten Urteile rehabilitiert. Zahlreiche Homosexuelle wurden in der Zeit des Nationalsozialismus ermordet.

Von der **Reichskanzlei**, Hitlers Schaltzentrale der Macht, ist heute nichts mehr zu sehen. 1934 hatte Albert Speer an die beiden Altbauten der Reichskanzlei auf der gesamten nördlichen Straße der Voßstraße auf einer Länge von 412 Metern die Neue Reichskanzlei angesetzt. Speer kopierte barocke Architekturformen, um den Machtanspruch Hitlers zu untermauern. Die Hitlers Arbeitszimmer vorgelagerte „Marmorgalerie“ war doppelt so lang wie die Spiegelgalerie in Versailles, Hitlers Arbeitszimmer maß 400 Quadratmeter bei einer Saalhöhe von zehn Metern. Den Kartentisch zierte eine Marmorplatte aus einem Stück mit dem erstaunlichen Maß von 5,0 x 1,6 Meter. Hitler selbst ist kaum in diesen Paraderäumen gewesen. Der ganze Baukomplex wurde – trotz nur geringer Beschädigungen – bis 1953 abgeräumt. Kurz vor dem Fall der Mauer hatte die DDR-Führung auf dem historischen Areal Wohnungen

Die Reichskanzlei im Januar 1939

Überreste des Führerbunkers, 1947. Der Eingang befindet sich links, rechts ist ein Unterstand für die Wachen zu sehen.

in Plattenbauweise errichtet.

Um den **„Führerbunker“** im Garten der Reichskanzlei ranken sich eine Vielzahl von Geschichten, Mythen und Legenden. Der Legendenbildung ist vielleicht auch deshalb etwas Raum gegeben, weil in der heutigen zentralen Berliner Stadtlandschaft um die Wilhelmstraße die Anlage nur schwer zu verorten ist. Die zentralen Bunkeranlagen für die Reichskanzlei lagen zwischen dem damaligen Auswärtigen Amt und der alten Reichskanzlei. Heute ist die – längst entfernte und in ihren Resten verfüllte – Bunkeranlage etwa auf der Stichstraße „An der Kolonnade“ auszumachen. Passiert man diese kleine Stichstraße zwischen den Plattenbauten der späten DDR, so findet man immerhin eine Schautafel, die auf den historischen Ort hinweist. Die Anfänge der Bunkeranlagen unter der Wilhelmstraße reichen bis in den Herbst 1935 zurück. Die Bunker sollten sechs Meter tief in der Erde liegen und von 60 Zentimeter dicken Außenwänden umgeben sein. Hitler lehnte es von Anfang an ab, die ersten Bunkeranlagen öffentlich zu machen. Ab 1938 waren entlang der Voßstraße unter der neuen Reichskanzlei dann 91 Bunkerräume eingerichtet worden, von denen 18 für die Schutzsuchenden der nahen Ministerien und öffentlichen Einrichtungen vorgesehen waren.

Der Bunker „B 207“, in dem Hitler am 30. April 1945 Selbstmord begangen hatte, war allerdings als „Führerbunker“ erst im März 1943 gebaut worden. Er schloss baulich wohl an die älteren Anlagen von 1935 an, lag mit zwölf Metern aber noch einmal doppelt so tief im Berliner Boden.

In der Wilhelmstraße befindet sich auch das **Denkmal für Georg Elser**, der 1938 versucht hatte, Hitler im Bürgerbräukeller in München mit einem selbstgebauten Sprengsatz zu töten. Aber Hitler hatte den Saal verfrüht verlassen. Seit dem Attentat war Elser zunächst im KZ Sachsenhausen, dann in Dachau inhaftiert, wo er kurz vor Kriegsende ermordet wurde.

Der Schriftsteller Rolf Hochhuth hat das Denkmal in der Wilhelmstraße initiiert.

Das Georg-Elser-Denkmal

Der **Wilhelmplatz** (oder älter: Wilhelmsplatz) galt im barocken Berlin als einer der schönsten Plätze in der ab 1688 angelegten Friedrichstadt. Die viereckige Platzanlage war gesäumt mit bedeutenden Stadtpalais, die alle im Zweiten Weltkrieg zerstört wurden. An der Südseite des benachbarten Zietenplatzes befand sich das Hotel

Der Wilhelmplatz, 1936. Links die Reichskanzlei, rechts das Propagandaministerium

Kaiserhof, in dem Hitler und auch Goebbels Anfang der 1930er-Jahre regelmäßig abstiegen, und in dem Hitler 1932 die deutsche Staatsangehörigkeit erhielt. An der Stelle des Hotels Kaiserhof steht heute die Botschaft Nordkoreas, daneben, auf dem südlichen Teil des Wilhelmplatzes, die Botschaft Tschechiens. Von dem geschichtsträchtigen Bauensemble ist kaum noch etwas zu erahnen.

Vom ehemals neben dem Hotel Kaiserhof gelegenen ehemaligen Reichsministerium für Volksaufklärung und Propaganda ist heute nur noch der von 1934 bis 1940 errichtete Baukörper in der **Mauerstraße 45–51** erhalten. Die streng gegliederte, mit Muschelkalkstein verkleidete Fassade dominierte den Straßenzug. Nach der Gründung der DDR 1949 zog in das wiederhergestelle Gebäude zunächst der Nationalrat der Natio-

Der Wilhelmplatz diente als Aufmarschfläche für Großveranstaltungen. Hinten rechts das Hotel Kaiserhof.

nalen Front. Hier hatte auch der erste und einzige Staatspräsident der DDR, Wilhelm Pieck, bis zu seinem Tod 1960 seinen Sitz. Heute befinden sich hier Teile des Bundesarbeitsministeriums. In der nördlichen Friedrichstadt zwischen der Straße Unter den Linden und der Leipziger Straße hatten sich schon vor der Reichsgründung 1871 zahlreiche Banken, Versicherungen und Wirtschaftszentralen angesiedelt. Seitdem waren in diesem Teil Berlins eine Vielzahl von repräsentativen Geschäftsbauten entstanden, so auch das 1936 errichtete Bankgebäude **Jägerstraße 10-11**.

Der ehemalige Erweiterungsbau des Propagandaministeriums in der Mauerstraße

Die 1925 gegründete Deutsche Revisions- und Treuhand AG hatte ihr Bürogebäude in damals üblicher Stahlskelettbauweise errichten lassen, das aber nach dem Geschmack der Zeit mit einer grauen Muschelkalkfassade verkleidet worden ist. Der über zwei Geschosse reichende Eingang im Mitteltrakt wies vermutlich das ehemalige Hoheitszeichen auf, einen Adler mit Hakenkreuz. Vom Hakenkreuz bereinigte Fassaden, die aus der NS-Zeit stammen, finden sich in Berlin oftmals.

Vom Prenzlauer Berg zum Scheunenviertel

Bis 1896 entstand im Straßengeviert von Schönhauser Allee, Sredzkistraße, Knaackstraße und Danziger Straße der größte Brauereibetrieb Deutschlands, die heutige **Kulturbrauerei**.

Am 1. Mai 1937 wurde der Belegschaft der Brauerei beim täglichen Fahnenappell mitgeteilt, dass sie fortan Teil eines „nationalsozialistischen Musterbetriebes" sei. Das hielt den Betrieb nicht davon ab, seit 1941 zunächst polnische und französische, seit 1944 auch italienische Gefangene zur Zwangsarbeit heranzuziehen. Ukrainische Frauen und Mädchen hatten es in den Tiefkellern freilich noch schlechter getroffen. Ab 1942 mussten sie hier für die Telefunken AG Nachrichtengeräte zusammenmontieren. Genaue Zahlen dazu gibt es nicht. Noch am Tag der Kapitulation Berlins am 2. Mai 1945 hatten SS-Angehörige den Sozialdemokraten Otto Schieritz aus seiner nahegelegenen Wohnung in der Senefelder Straße 33 herausgezerrt, weil dieser angeblich am letzten Kriegstag eine weiße oder rote Fahne auf seinem Balkon gehisst habe. Dafür wurde Schieritz erschossen – eines der letzten NS-Opfer Berlins.

Innenhof der Kulturbrauerei

Die **Synagoge** in der nahegelegenen Rykestraße wurde 1904 eingeweiht. Seit jeher ist das Gotteshaus durch das Rabbinerhaus von der Straße abgeschirmt. Lediglich zwei schmiedeeiserne Davidsterne im Eingangstor weisen auf die Funktion des Grundstücks hin. 2000 Gläubige fanden hier Platz.

Im Vorderhaus war bis 1941 sowohl die III. Volksschule des „Jüdischen Schulvereins“ als auch die VI. Regelschule der Jüdischen Gemeinde mit etwa 500 Schülern ansässig. Die Volksschule bereitete Kinder auf ihre anfänglich noch mögliche Auswanderung nach Palästina vor. Schul- und Gotteshaus wurden ab April 1940 der Heeresstandortverwaltung zugewiesen. Die Synagoge selbst wurde zum Pferdestall umfunktioniert. Die Synagoge hatte den Zweiten Weltkrieg nahezu unbeschadet überstanden. Sie war nach ihrer Restaurierung 1953 das einzige jüdische Gotteshaus in Ost-Berlin; seit der Wiedervereinigung Berlins 1990 gehörte die Synagoge zur Einheitsgemeinde. Nach zweijähriger Restaurierung wurde die heute größte Synagoge Deutschlands 2007 erneut eingeweiht.

Blick auf die Synagoge in der Rykestraße

In der Knaakstraße befindet sich der weithin sichtbare **Wasserturm**, Ort eines der ersten „wilden Konzentrationslager“ in Berlin. Bereits im Februar 1933 wurde die SA, die paramilitärische Organisation der NSDAP, zur „Hilfspolizei“ gemacht – ein Freibrief für die SA-Leute, politische Gegner und Juden zu drangsalieren und zu ermorden. Alleine in Berlin errichtete die SA zwischen März und Juni 1933 elf „wilde Konzentrationslager“ und kurzzeitig etwa zweihundert weitere Haft- und Folterstätten.

Eines dieser Lager befand sich im Maschinenhaus I hinter dem heutigen Wasserturm. Bereits im Juni 1933 wurde das Gebäude als SA-Wohnheim genutzt. 1935 wurde das Maschinenhaus gesprengt. Heute befindet sich hier ein Spielplatz. Wie viele politische Gegner des NS-Regimes hier eingesperrt, gefoltert und vielleicht auch ermordet worden sind, ist nicht mehr nachweisbar. Eine Gedenktafel erinnert an die Geschichte des Ortes und die Schrecken der Diktatur.

Nach 1990 wurde auf dem Trümmergrundstück an der Kollwitz-/ Ecke Knaackstraße ein neues Wohnhaus errichtet. Ursprünglich stand hier ein Eckwohnhaus aus der Gründerzeit. 1891 waren an dieser Stelle unter der ursprünglichen Adresse Weißenburger Straße 25 der sozialdemokratische Armenarzt Karl Kollwitz und seine Frau Käthe eingezogen. Die gebürtige Königsbergerin **Käthe Kollwitz** ist eine der bedeutendsten Künstlerinnen des 20. Jahrhunderts. In ihrem graphischen Werk fokussierte sie sich auf die Überwindung von Armut und sozialer Ungerechtigkeit. Mehr noch aber war ihr ausdrucksstarkes Werk eine Anklage gegen Krieg und Tod. Sie erhielt Berufsverbot, ihr Werk galt als „entartet.“ Sie starb kurz vor Kriegsende in der Nähe von Dresden.

Links hinten ist der Wasserturm zu sehen, das KZ befand sich rechts neben dem hohen schmalen Turm in der Bildmitte.

Am nach ihr benannten Kollwitzplatz, unweit ihres ehemaligen Wohnhauses, befindet sich ein Denkmal für Käthe Kollwitz. Die monumentale Bronzeplastik wurde im Auftrag des Magistrats von Ost-Berlin 1958 von Gustav Seitz geschaffen und 1960 hier aufgestellt. Die nach einer 1938 nach einem Selbstbildnis entstandene Figur zeigt eine Künstlerin, die durch die Schicksalsschläge in ihrem Leben gezeichnet ist – sie hatte im Ersten Weltkrieg ihren jüngeren Sohn, im Zweiten Weltkrieg ihren Enkelsohn verloren.

In der Schönhauser Allee 22 befand sich das **jüdische Altersheim**. Die Bewohner des 1883 eröffneten Heims, das von dem Textilkaufmann Moritz Manheimer finanziert worden war, wurden im August 1942 nach Theresienstadt deportiert und später ermordet. Anschließend wurden hier ukrainische Zwangsarbeiterinnen einquartiert. Nach dem Krieg nutzte die Polizei das Haus bis 2001. Heute ist hier eine private Wohnanlage.

Am Kollwitzplatz

Stadteinwärts geht es vom Prenzlauer Berg abwärts in Richtung Hackescher Markt. Folgt man der Schönhauser Allee über die Torstraße, so gelangt man in die Rosenthaler Straße. Rechts und links davon lag das **Scheunenviertel**, welches seinen Namen von den hier im späten 17. Jahrhundert vor den Toren der Stadt stehenden Scheunen der Berliner Bauern erhalten hatte.

Seit dem frühen 18. Jahrhundert wurden hier mittellose Juden angesiedelt. Die ohnehin prekären Verhältnisse verschärften sich deutlich durch die Zuwanderung der osteuropäischen Juden seit Ende des 19. Jahrhunderts und vor allem nach 1918. Das Scheunenviertel wies insgesamt eine fünfmal so hohe Wohndichte auf wie im Berliner Durchschnitt.

Den Nazis war das Viertel natürlich ein Dorn im Auge. Am 28. Oktober 1938 wurden etwa 17 000 staatenlose Juden nach Polen abgeschoben. Die verbliebenen Juden wurden Opfer der Shoa, sofern es ihnen nach 1939 nicht doch noch gelungen sein sollte, Deutschland zu verlassen bzw. unterzutauchen.

Razzia im Scheunenviertel, Anfang April 1933

Direkt neben den „Hackeschen Höfen" steht in der **Rosenthaler Straße 39** ein unscheinbares Wohnhaus aus dem Jahre 1864. Dahinter befindet sich ein langgestreckter Seitenflügel, in dem von 1940 bis 1944 der Berliner Kleinunternehmer Otto Weidt eine Bürstenbinderwerkstatt betrieben hatte. Weidt beschäftigte ca. 30 jüdische und zumeist blinde Mitarbeiter.

Als Wehrmachtslieferant war es Weidt gelungen, seine Schützlinge quasi als „kriegswichtig" einstufen zu lassen. Der Unternehmer versteckte zahlreiche Juden in seinen Werkstatträumen. Seit 1999 erinnert in den originalen Räumen eine Ausstellung an den couragierten Berliner, der in „Yad Vashem" als „Gerechter unter den Völkern" geehrt wird.

Im selben Gebäude befindet sich die 2018 erneuerte Dauerausstellung „Anne Frank. hier & heute“ als deutsche Partnerorganisation mit dem Anne-Frank-Haus in Amsterdam.

Auf der anderen Seite des S-Bahnhofs Hackescher Markt befindet sich in der **Rosenstraße**, einer kleinen Stichstraße, die von der Anna-Louisa-Karsch-Straße abgeht, ein wichtiger Erinnerungsort. Die Berliner Bildhauerin Ingrid Hunzinger schuf 1995 mit der Installation „Block der Frauen“ sechs mehr als zwei Meter hohe Sandsteinblöcke, die auf dem Grundstück Rosenstraße 2-4 an den mutigen Protest von Frauen aus sogenannten Mischehen erinnern, die Anfang 1943 gegen die Inhaftierung ihrer jüdischen Männer und erwachsenen Kinder protestierten. Vermutlich sollten von hier aus etwa 2000 festgehaltene Juden deportiert werden. Die Juden wurden nach und nach freigelassen. Es ist heute zwar umstritten, ob der Protest der Ehefrauen in der Rosenstraße ursächlich für die Freilassung war, aber das leuchtende Beispiel des zivilen Widerstands gegen das NS-Terrorregime bleibt dennoch in der öffentlichen Erinnerung.

Blick in den Innenhof Rosenthaler Straße 39

Das 1911 in der **Großen Hamburger Straße 15-16** errichtete Wohnhaus wurde am 3. Februar 1945 in sei-

nem Mittelteil vollkommen zerstört. Über 600 000 Wohnungen gingen in Berlin durch den Bombenkrieg verloren. Der französische Künstler Christian Boltanski hat 1990 an den beiden Brandmauern die Installation „The Missing House" geschaffen. Jeweils in der Höhe der ehemaligen Wohnungen hat Boltanski insgesamt 23 Holzschilder mit schwarzer Umrahmung unregelmäßig über die gesamten Mauern anbringen lassen. Die je 60 bis 120 cm großen Tafeln wirken wie Todesnachrichten. Sie weisen die Nachnamen und Berufsbezeichnungen der Bewohner auf, die hier zwischen 1930 und 1945 wohnhaft waren. Der Verlust der alltäglichen Nachbarschaft durch die Deportation der jüdischen Hausbewohner, durch den verheerenden Bombenkrieg und sonstige tödliche Kriegsfolgen wird personifiziert. Boltanski verwandelt einen Ort der Geschichte in einen Ort des Gedächtnisses.

Blick auf das Jüdische Gymnasium und die Sophienkirche in der Großen Hamburger Straße

Ein wenig weiter entlang der Oranienburger Straße befindet sich links der **Monbijoupark**. 1934 hatte Adolf

Schloss Monbijou, 1939

Hitler in einem Gespräch mit dem Magistrat von Berlin bestimmte Vorstellungen darüber entwickelt, die Museumsinsel deutlich über die Spree hinaus in die Spandauer Vorstadt zu erweitern. Dazu sollten ganze Straßenzüge vom Hackeschen Markt beginnend bis zur Weidendammer Brücke verschwinden.

Blick vom Monbijoupark auf die Neue Synagoge

Am nördlichen Spreeufer war der Bau von drei monumentalen Bauten vorgesehen, die vom Hackeschen Markt aus gesehen das Germanische, in der Mitte das Ägyptische und schließlich das Vorderasiatische Museum aufnehmen sollten. En passant wurde dabei festgelegt, dass das barocke Schloss Monbijou von 1706 nach seinem Abriss wie ein umgesetztes Möbelstück im Schlosspark von Charlottenburg wieder aufzustellen sei. Das barocke Kleinod wurde in der verheerenden Bombennacht vom 22. auf den 23. November 1943 das erste Mal schwer von Brand- und Sprengbomben getroffen. Die auch als Ruine noch wertvolle Bausubstanz wurde trotz des massiven Protestes von Fachleuten durch Beschluss des Ost-Berliner Magistrats 1959 abgerissen. Heute befinden sich auf dem Areal ein Park und ein Freibad.

An der Großen Hamburger Straße 26/27 lag ein **jüdischer Friedhof**. Der 1672 angelegte Friedhof war der Begräbnisplatz jener 50 jüdischen Familien, die aus Wien eingewandert und in Berlin die Jüdische Gemeinde der

Neuzeit wieder begründet hatten. Der Friedhof wurde 1827 aus Platzmangel für neue Grabstellen geschlossen. Unter den fast 2800 Gräbern befand sich auch die letzte Ruhestätte für Moses Mendelssohn, der als bedeutendster jüdischer Philosoph des 18. Jahrhunderts gilt. Im Dritten Reich wurde der Friedhof zerstört.

Auf der heutige Freifläche vor dem ältesten Jüdischen Friedhof Berlins stand das 1844 von Familie Manheimer gestiftete erste jüdische Altenheim in Berlin. Fast genau ein Jahrhundert später hatte es seine angestammte Funktion verloren. Der jüdische Rechtsanwalt Bruno Blau (1880–1954) beschrieb in seinen Erinnerungen die letzte Odyssee der 1943 noch in Berlin verbliebenen Juden:

"Jüdische Opfer des Faschismus", Skulptur von Will Lammert

„Vorher wurden die Juden, die zur Deportation bestimmt und aus diesem Grunde verhaftet waren, in einem Gebäude untergebracht, das in der Großen Hamburger Straße stand. Das Haus hatte als Altersheim gedient, es wurden vor allem die Fenster vergittert, um Fluchtversuche zu verhindern.“

Die dem Altersheim benachbarte **Jüdische Knabenschule** (Nr. 27) wurde ebenfalls als „Sammelstelle“ genutzt. Heute befindet sich hier das nach Moses Mendelssohn benannte Jüdische Gymnasium. An den Friedhof und an die Sammelstelle erinnert heute eine Figurengruppe von Will Lammert, die hier 1985 aufgestellt wurde.

Während des Krieges wurden schätzungsweise alleine auf Berlin mindestens 45 000 Tonnen Bomben abgeworfen. Mindestens 30 000 Menschen fanden dabei den Tod – die Opferzahlen sind nicht genau feststellbar. Am rechten der Sophienkirche vorgelagerten Wohnhaus in der **Großen Hamburger Straße 29** aus dem Jahre 1905 hat der Künstler Jürgen Strandt einen rechteckigen Aluminiumrahmen geschaffen, der einen kleinen Teil der mit Einschuss- und Splitterlöchern aus der Schlussphase des Zweiten Weltkriegs übersäten Fassade einrahmt. Links oben ist mit messingfarbenen Lettern das Wort „PAX" eingelassen.

Grabstein von Moses Mendelssohn

Schräg gegenüber vom Alten Jüdischen Friedhof und der daran angrenzenden ehemaligen Jüdischen Knabenschule ist in der Großen Hamburger Straße 5–11 das **St.-Hedwigs-Krankenhaus** angesiedelt. Mit dem Beginn des Genozids an den europäischen Juden hielten die christlichen Ärzte und Pfleger ihre jüdischen Patienten und Patientinnen zurück, soweit es eben möglich war. Die katholische Sozialfürsorgerin Marianne Hapig (1894–1973) organisierte Lebensmittel und Hilfsunterkünfte.

Am 9 November 1938, der von den Nazis sogenannten Reichskristallnacht, wurden in Deutschland 1600 Synagogen und Betstuben zerstört. Die **Neue Synagoge** in der Oranienburger Straße 29/30, die seit ihrer Einweihung im September 1866 mit ihrer goldenen Kuppel und dem sie bekrönenden Davidstern die Stadtsilhouette Berlins mit prägte, wurde in Brand gesetzt. Der Reviervorsteher des Polizeireviers am Hackeschen Markt, Wilhelm Krützfeld (1880–1953), konnte durch seinen beherzten Einsatz verhindern, dass die Synagoge abbrannte.

Blick auf die Neue Synagoge

Bis Ende Januar 1940 konnten in der Synagoge Gottesdienste abgehalten werden. Ab April 1940 nutzte das Heeresbekleidungslager III das Gotteshaus, es wurde im November 1943 durch britische Bomben zerstört. Heute ist nur noch der weithin sichtbare, repräsentative Turm samt der Fassade erhalten. Fassade und Turm wurden erst 1995 in alter Schönheit wiederhergestellt.

Im Februar 1943 wurde begonnen, alle verbliebenen Juden aus Berlin zu deportieren. Von den etwa noch 15 000 in Berlin lebenden Juden waren mehr als die Hälfte in 100 Betrieben zur Zwangsarbeit herangezogen worden. Mit einem Schlag sollte mit der später sogenannten Fabrikaktion Berlin „judenfrei" gemacht werden.

Während dieser Razzia, die völlig überraschend kam, wurden auch die Kinder aus dem jüdischen Kinderheim „Ahawah" (hebräisch: Liebe) in der **Auguststraße 14–16** in die Konzentrationslager deportiert.

Vom Messe- zum Olympiagelände

Die Geschichte des heutigen **Ausstellungs- und Messegeländes** in der Masurenallee reicht bis zum Vorabend des Ersten Weltkrieges zurück. In den Jahren 1935–38 wurden die Messehallen erneuert und erweitert. Dabei entstanden am heutigen Hammarskjöldplatz die Ehrenhalle und die sich links anschließende „Ostpreußenhalle", die heutige Halle 18.

Ab 1927 fanden unter dem Funkturm alljährlich Wassersportausstellungen statt. Die „Große Wassersport-Ausstellung Berlin 1938" glänzte vor fast 67 000 Zuschauern mit der Sonderschau „Ein Volk in Leibesübungen". Veranstalter waren das Oberkommando der Kriegsmarine und der Deutsche Reichsbund für Leibesübungen.

1931 wurde in der Masurenallee – schräg gegenüber vom Funkturm – das älteste eigenständige Funkhaus Deutschlands eingeweiht. Schon wenige Tage nach dem Machtantritt Hitlers im Januar 1933 wurden wichtige Posten beim Rundfunk mit Befürwortern der NS-Diktatur besetzt. Nach und nach wurde der Rundfunk gleichgeschaltet. Die seit dem 1. April 1934 gebildeten „Reichssender" unterstanden der direkten Kontrolle des

Reichsministeriums für Volksaufklärung und Propaganda mit seinem Behördenchef Joseph Goebbels. Von 1939 bis 1945 war das **Haus des Rundfunks** die Zentrale des Großdeutschen Rundfunks. Sondermeldungen, die militärische Erfolge verkündeten, unterbrachen das laufende Unterhaltungsprogramm. Das sonntags ausgestrahlte „Wunschkonzert für die Wehrmacht" war zwischen 1939 und 1941 ein Straßenfeger.

Das Funkhaus an der Masurenallee, vor 1933.

Auf der Mitte des **Theodor-Heuss-Platzes** hatten die Landsmannschaften der deutschen Heimatvertriebenen 1955 mit Blick nach Osten eine „Ewige Flamme" entzündet. Das Denkmal erinnert daran, dass etwa 14 Millionen Deutsche ab Ende 1944 ihre angestammte Heimat verlassen mussten. An den Kampfhandlungen unbeteiligte Zivilisten kamen zu Hunderttausenden ums Leben, Millionen wurden aus ihrer Heimat vertrieben.

Von 1913 bis 1917 bewohnte der Komponist Richard Strauss in der **Heerstraße 2** eine 341 Quadratmeter große Wohnung mit zwölf Zimmern. Während der NS-Zeit bereits in Wien, war Strauss von 1933 bis 1935 Präsident der Reichsmusikkammer. Obwohl Strauss mit den Nationalsozialisten nicht immer konform war, diente er sich ihnen an. Nicht nur seine „Olympische Hymne“ von 1936 ist Ausdruck davon. Der Komponist hatte sogar Hans Frank, dem Wegbegleiter Hitlers und berüchtigten Generalgouverneur von Polen, ein Lied gewidmet.

Am U-Bahnhof Neu-Westend sieht man auf der Mitte des **Steubenplatzes** eine Reiterstatue aus Bronze. Die Skulptur heißt offiziell „Der Sieger“ und ist erst 1961 hierher versetzt worden. Der allgemeinen Auffassung, der junge, nackte Reiter weise den Weg zu den olympischen Sportstätten, ist falsch. Das bereits 1902 geschaffene Kunstwerk hat nichts mit der NS-Zeit zu tun.

Bronzestatue auf dem Steubenplatz

Auf dem Weg vom U-Bahnhof Neu-Westend passiert man auf dem Weg zum Olympiastadion auf der linken Seite den 150 Hektar großen Friedhof **Heerstraße**. Drei Grabstätten geben beispielhaft Auskunft über die vielseitige Berliner Gesellschaft in den 1930er-Jahren:

Hier liegt der bekannte Nervenarzt Karl Bonhoeffer (1868–1948) bestattet, der aufgrund ihres Widerstandes gegen den Nationalsozialismus seine beiden Söhne Karl und Dietrich sowie auch seinen Schwiegersohn Hans von

Dohnanyi verloren hatte. Die bis 2006 in Reinickendorf bestehende Nervenklinik war nach Karl Bonhoeffer benannt. Das Grab des Oberbürgermeisters von Königsberg, Hans Lohmeyer (1881–1968) ist leider aufgelassen. Lohmeyer wurde 1933 entlassen und hielt Kontakt zum ehemaligen 2. Bürgermeister der ostpreußischen Hauptstadt und späteren Oberbürgermeister von Leipzig, Carl Goerdeler. In Berlin hatte er auch Kontakt zu den Attentätern vom 20. Juli 1944.

Blick auf Olympiastadion und Reichssportfeld während des Baus 1935

Zuletzt ist die Biologin und Tierärztin Maria Gräfin von Maltzan zu nennen (1909–1997). Nach 1933 hatte sie mindestens 60 Verfolgte über schwedische Kontakte in Berlin verstecken und ausschleusen können. Wie Otto Weidt zählt sie in Jerusalem zu den „Gerechten unter den Völkern".

Die Geschichte des **Olympiastadions** in Berlin beginnt 1909 mit der Errichtung der Grunewald-Galopprennbahn. Im Inneren wurde 1913 das von Otto March entworfene „Deutsche Stadion" für 30 000 Zuschauer errichtet, seinerzeit das größte deutsche Stadion. Es sollte die Sportstätte für die Olympischen

Sommerspiele in Berlin 1916 sein. Der Erste Weltkrieg verhinderte die Spiele. 1931 entschied das Internationale Olympische Komitee auf seinem Kongress in Barcelona, den Zuschlag für 1936 erneut an die deutsche Reichshauptstadt zu vergeben.

Der anfängliche Plan, das Deutsche Stadion für die Olympischen Spiele umzubauen und zu erweitern, wurde auf Intervention Hitlers aufgegeben. *„Wir wollen bauen"*, war Hitlers Losung. Der Sohn des Stadionarchitekten, Werner March, erhielt nun den Auftrag, ein neues Stadion zu entwerfen. 90 000 Menschen sollten darin Platz finden. Aus diesem Grund bestand der Oberring aus Stehplätzen. Im Inneren gab es eine 400-Meter-Laufbahn sowie alle für die Leichtathletik notwendigen Anlagen: Hoch-, Drei- und Weitsprung. Eine Speerwurf-anlaufbahn war ebenso vorhanden wie zwei Anlagen für das Kugelstoßen.

Modell des Olympiastadions, 1933

Das Olympiastadion ist eingebettet in das 132 Hektar große ehemalige **Reichssportfeld**. Von der Olympischen Straße aus gesehen erblickt man zunächst über den Olympischen Platz, den repräsentativen Osteingang mit den olympischen Ringen. Zum bauplastischen Schmuck des Reichssportfeldes gehört dieses Tor mit seinen beiden Türmen ebenso wie die vier Türme an der Begrenzung des Maifelds. Alle sechs Türme wurden nach „deutschen Stämmen" benannt. Das Olympiator ist links vom „Bayernturm“ und rechts vom „Preußenturm“, eigentlich kein deutscher Stamm, flankiert. Die hinteren Türme zum Maifeld galten den Friesen, Sachsen, Franken und den Schwaben.

Das **Schwimmstadion** liegt nördlich. Nach den internationalen Anforderungen war eine 50 Meter lange und 20 Meter breite Schwimmanlage notwendig. Damit standen den Sportlern acht Bahnen zur Verfügung. Das Sprungbecken mit 20 x 20 Metern und einer durchgehenden Tiefe von 4,5 Metern wurde vom Hauptschwimmbecken abgetrennt. Das Mindestmaß für Sprünge vom Zehnmeterbrett war somit garantiert. Der Sprungturm aus Eisenbeton wies je zwei Sprungbretter in ein und drei Metern Höhe auf. In fünf und zehn

Luftaufnahme von Glockenturm, Maifeld und Olympiastadion, 1936

Metern war Kunst- und Turmspringen möglich. Auf der Westseite des Olympiastadions liegt das 112 000 Quadratmeter große **Maifeld**, einst olympischer Poloplatz. Die Rasenfläche bietet Platz für 250 000 Menschen. Seine Tribüne fasst noch einmal etwa 60 000 Zuschauer. Die Tribüne wird durch den 77 Meter hohen Glockenturm baulich bestimmt. Am 28. September 1937 sprachen Hitler und Mussolini auf dem Maifeld, während des Staatsbesuchs des italienischen „Duce".

„Ich rufe die Jugend der Welt": Diese Aufschrift trägt die neun Tonnen schwere und 4,3 Meter hohe olympische Glocke aus Gussstahl, die im **Glockenturm** hing. Die Glocke zeigte den Reichsadler, verbunden mit den Olympischen Ringen, und das Brandenbur-

ger Tor mit der Quadriga. Zum Ende des Zweiten Weltkriegs wurde der Glockenturm beschädigt, die Glocke fiel herunter. Auf der darunter erhaltenen „Langemarckhalle" wurde der Turm 1961–63 neu errichtet. Verantwortlich war dafür wiederum Werner March. Die gesprungene alte Glocke steht heute – mit unkenntlich gemachtem Hakenkreuz – vor dem Südtor des Olympiastadions. Eine an der alten Glocke orientierte Kopie ist im neuen Turm eingehängt worden.

Zum Glockenturm gehört auch die darunter liegende Langemarckhalle im ersten Stock des Tribünengebäudes. Erinnert wird an 80 000 junge und unerfahrene Soldaten, die ihr Leben in der verheerenden Schlacht bei Langemarck in Flandern am 10. November 1914 verloren. *„Ihr grauen heiligen Reihen geht unter Wolken des Ruhms und tragt die blutigen Weihen des heiligen Königtums"*: Diese Zeilen des Lyrikers Walter Flex, der 1917 im Ersten Weltkrieg fiel, wurden in die Wand der Halle eingemeißelt. Sie bereiteten dem Totenkult den kulturellen Boden. Die Halle wurde mit dem Wiederaufbau 1963 verändert, strahlt aber weiterhin den Geist der 1930er-Jahre aus.

Während der Olympischen Spiele, August 1936